シリーズ・女の幸せを求めて
生長の家『白鳩』体験手記選⑥

女性と仕事
広がる可能性

日本教文社編

JN300588

日本教文社

目次

装幀　松下晴美

編者はしがき

この「シリーズ・女の幸せを求めて　生長の家『白鳩』体験手記選」は、生長の家にふれて、幸せを得た女性の体験を紹介する、小社刊行の『白鳩』誌の「体験手記」をテーマ別に精選編纂したものです。本書中の年齢・職業・役職等は同誌に掲載された当時のもので、手記の初出年月はそれぞれの末尾に明記してあります。

シリーズ第六巻の本書は、家庭で家事をこなすかたわら、仕事をもって明るく生き生きと働いている女性の手記を紹介します。仕事を通して夢を実現した女性、才能を開花させた女性、自己限定を克服した女性、大きな困難を克服した女性など、女性がその潜在的な力を発揮するとき、周囲に喜びと豊かさをもたらすことを伝えます。本書が読者の一層の充実生活のための一助となることを願って止みません。

日本教文社第二編集部

真理の糸で私の人生を楽しく編み上げています

愛知県江南市　伊藤美智子《いとうみちこ》（56歳）

十代の明るさを取り戻して

生長の家との出合いは、今から四十年前になります。多感な十五歳のときでした。長崎で生まれ育ち、中学卒業後すぐに、集団就職で愛知県江南市にある織物会社に勤めるようになりました。当時は遠く親元を離れて働きに出る子どもは多く、覚悟はしていたのですが、想像していたよりもずっとさびしいものでした。

中学時代は三年間、走り高飛びや走り幅跳《と》び、短距離走の選手で、目標を持って記録を伸ばしていくことが大好きだった私は、高校に進んで陸上を続けたいという夢を持っていました。しかし、八歳で父親を亡くし、七歳年下の妹のいる長女の私が、中学を卒業してなお母だけを働かせるわけにはいきません。〝お父さんさえ生きていたら…〟。いつも心のどこかにそんな気持があったせいか、慣れない仕事がますます辛《つら》く感じるようになりました。

新入の十五歳から十七歳くらいの少女たちは二十人ほどいました。私はホームシックにかかっていました。中には、幼い頃両親を亡くし、中学時代はかなり悩んでいたという少女もいて――彼女とは四十年来の親友になっていますが――何か生きる希望を持てるような、精神修養になるようなお話をしていただけるところはないだろうかと、その少女の学校の先生は、私たちの織物会社の女性社長に相談していたそうです。

女性社長は、さびしさを抱《かか》えていた私たちのお母さんのような存在でした。そして、幸運なことに、生長の家の熱心な信徒でもあったのです。「それなら、ぴったりのお話があります」ということで、仕事が終わったあとや休日に、職場で生長の家の本を読み、お話を聴く会が始まりました。今でいう「誌友会《しゆうかい》」(生長の家の教えを学ぶつどい) です。

生長の家の話を聴くようになってから、私はどんどん変わっていきました。十二、三歳の頃から、ぼんやりと思っていた、〝人は死んだら、どこへいくんだろう〟とか、〝人はなぜ働かなければいけないのだろう〟といった疑問が次々に解《と》けていったのです。

真理の糸で私の人生を楽しく編み上げています

「嬉しい、楽しい、有難い」と祈りながら毛糸を編むと、時の経つのを忘れるという伊藤美智子さん

父の魂が生き通しで、ずっと私を護《まも》ってくれていることもわかり心がなごみましたし、私の仕事が人さまの役に立って喜んでいただいていることもわかると、働くことにハリがでてきて、毎日が楽しくなってきました。生きる希望を失いかけていた友人も、目の輝きが変わってきて、職場には十代の少女たちらしい、生き生きとした笑い声もよく響くようになりました。

職場の誌友会には、今の主人も参加していました。いつしか、社内の年齢の違う多くの人たちも参加するようになり、大きなグループもできました。ときには生長の家教化部*から講師もきてくださり、いっそう深く生長の家の真理を学べるようになっていきました。そして私は、二十歳のときには、このすばらしい み教えを生涯学び続けていこう！　と決意していたのでした。

プラス思考で夢を現実に

生長の家の職場グループのリーダーで、活動に参加していました。生長の家の青年向け月刊誌『理想世界』の中で谷口清超先生（生長の家総裁）が、「理想を高く持て」と書いておられたので、私は常日頃から結婚するのであれば、酒を飲まない人・煙草を吸わない人・マジメな人・優しい人・生長の家の人……といった理想を掲《かか》げていました。そして、女性社長から「どう？」と紹介された主人は、まさに五拍子そろった、理想にピッタリの人だったのです。しかも、主人の両親も生長の家の信徒とのこと。自分でも驚いてしまいました。

結婚したのは昭和三十九年、二十二歳のとき。主人は十歳年上の三十二歳。小さい頃に父親を亡くしていた私は、ファザコン的な部分が大きくて、主人に甘え、頼りきり、主人は私のわがままをおおらかに受け止めてくれました。織物会社をいったんは結婚退職したのですが、一人で家にいるのもさびしくて、近くに住む姑《しゅうとめ》の勧《すす》めもあり、再び別の織物会社に勤めるようになりました。工場関係の仕事も、ほとんどひと通りこなせるようになってくると、今度はだんだんと、何かしっかりした目標を持って生きていきたいと思うようになりました。

当時は全国的に編み物がブームになっていて、主人の妹も上手にセーターなどを編んでいました。それがとてもうらやましかったこともあり、私は主人に編み物の学校に行かせてほしいと頼んだのです。ちょうど会社勤めを始めて、また、生長の家を学び始めて十年たった二十五歳のときでした。

編み物を習うからには、五年後には必ず師範の免状をとり、十年後には教室を開こう——そんなふうに目標を持ち、ずっと心の中に未来の自分の姿をイメージし続けました。

会社と学校と家事、そして生きる基本となる生長の家の活動……すべてが中途半端になるかもしれないというマイナスイメージは、私の中にはまったくありませんでした。これも生長の家の考え方が、かなり身についていたからだと思います。

私にはまだまだ引き出せる無限の可能性がある。人生は私のイメージ通りになる！毎日毎日、私は自分に言い聞かせていました。主人も同じようにプラス思考で、私の語る夢を本気でうなずいて聞いてくれました。二十七歳頃からは、主人の両親との同居が始まり、いっそう忙しくなりましたが、生長の家の教えのおかげで仲良くほがらかに暮らすことができました。

それは、私もまだ若くてわがままで、お互いに慣れないうちは、姑とギクシャクしたこともあります。しかし、いつものように、朝会社に行くとき、偶然忘れ物を思い出して、家の方をふり返ると、そこに玄関前で私に合掌し続けてくださっている姑の姿をみつけて感動し、自分を素直に反省する心を育てていただいたりもしました。

少しは編み物ができるようになっていた私は、会社を辞《や》め、姑のそばにいて、内職として人のために編むようになりました。あの頃、三日に一着の割合で、一年に百着以上編み上げたことがあります。

家族の応援のおかげで、私は三十一歳で師範の資格試験に合格しました。主人は試験会場まで編み機を運んでくれるなど、感謝してもしたりないほど、協力してくれました。

その後も内職を続けるうちに、「教室を開いて編み物を教えてほしい」と言ってくださる信徒さんが現れ、私は心で描いた通りに、三十五歳で編み物教室を開くことになったのです。

さりげなく真理の糸をつむいで

あれから二十年の月日が流れ、教えた生徒さんの数は、延べ百人以上になりました。最初の二年間は、人に教えるということに自信が持てなくて、教室を開く一方で、自分ももう一度編み物学校へ通いました。また、四十歳ぐらいまでは、若い生徒さんへの教え方がきつかったのではないかと、一人で悶々《もんもん》と悩んだりしました。

そんなとき、必ず生長の家のみ教えを思いだし、生徒さんのすばらしい姿を思い祈りました。気にかかる生徒さんに、気分を悪くしていないかと声をかけると、「えっ、先生、何のことですか?」とケロリ…。底抜けの明るさに、あるとき何かが吹っ切れて、〝編み物を教える〟というより、〝いろいろなことを私が教えていただく、一緒に楽しむ〟という気持でのぞめるようになりました。

編み物教室が軌道に乗り、忙しくなるにつれ、生長の家の活動との両立が苦しくなってきたこともありました。

私は三十歳のときに、生長の家青年会ヤングミセスの会*が発足したときから活動をやらせていただき、地方講師*にもならせていただいて、主人とともに光明化運動に燃えることに喜びを感じていました。三十七歳のときには、信仰の深化のために、『生命《せいめい》の實相《じっそう》』(生長の家創始者・谷口雅春著、全四十巻、日本教文社刊)を読む輪読会を、自宅で毎週月曜から金曜まで朝八時半から一時間行い、全四十巻を読破。でもその頃は、きまじめ過ぎて、そしてまだまだ未熟だったのでしょう、現象面にふり回され、戸惑《とまど》い悩んだことも…。

教室を始めて十年くらいは、生長の家の責任あるお役もいただいたりして無我夢中でしたので、〝頑張らなければいけない〟と、どこかで自分を縛《しば》っていたのかもしれません。〝編み物も生長の家も大好き。しかし、どちらかをとらなければいけないのだろうか……〟といった二者択一《にしゃたくいつ》の気持がふっとよぎったこともありました。

しかし、多くの信徒さんや生徒さんたちから、「二足のわらじ、すばらしいじゃないですか」と励まされ、おかげで、そのつど私は元気と勇気を取り戻してきました。

一所懸命になり過ぎて、肩に力が入り過ぎていたと感じる時期が過ぎると、とても広い視野でゆとりを持って、自分や周囲を見渡せるようになってきました。

編み物と生長の家——二つを別々のものとして観《み》るのはおかしい。両方とも神さまから与えられた天職であり、尊い使命。必ず、一つになっていくはず。神さまにすべておまかせしていればいい……自然にそう思えるようになっていったのです。

編み物教室が終わると、お弁当を広げて食事しながら、ざっくばらんに座談会。そんなとき、いつも私は生長の家の真理の話をします。「先生がどうしてそんなに明るいのかが、わかりました」と言って、何人もの生徒さんが聖使命会*に入ってくださったり、また、ご講習会*にお話を聴きにいってくださったりして。

こうして編み物を通して、さりげなく真理の輪を広げていけることが、一気に二つの幸せを得たような気がして、嬉《うれ》しくてたまらない毎日が、もう何年も続いています。

教室外でも個人的にさまざまな相談を持ちかけられることも多くなり、暗い表情をしていた人が、輝くような笑顔を浮かべて帰っていってくださったときなど、生長の家を続けていて本当によかった、としみじみ思います。

編み物教室をすると同時に、頼まれて人さまに服を編む仕事もしています。「嬉しい、楽しい、ありがたい」と祈りながら編むと、一着に〝千万願《がん》〟くらいの感謝の気持が編み込めます。そのおかげか、「先生の編んでくれたセーターは、なぜだか気持がいい」などとほめていただくこともあり、何着も何着も祈りながら編みたくなってきます。

四年ほど前からは、生長の家の仲間とともに、再び『生命の實相』の輪読会を週に一回のペースで始めました。一昨年からは生長の家白鳩会愛知教区江南総連合会会長も拝命し、毎日の生活と光明化運動がまさに一つに溶け合っています。
これも、私のイメージ通り。心に強く描き、神に全托《ぜんたく》すれば、描いた通りになる。これが私が生長の家に教わった「人生」の観方《みかた》……。新たな目標を常に持ち、これからもすばらしい私の人生を編み上げていきたいと思います。

（平成九年三月号　撮影／中橋博文）

＊生長の家教化部＝生長の家の地方における布教、伝道の拠点。巻末の「生長の家教化部一覧」を参照。
＊生長の家青年会ヤングミセスの会＝生長の家の青年のための組織である生長の家青年会が開いている、既婚女性のための学びのつどい。ヤングミセスのつどい。
＊地方講師＝生長の家の教えを居住地で伝えるボランティアの講師。
＊聖使命会＝生長の家の運動に賛同して、月々一定額の献資をする「生長の家聖使命会」のこと。
＊ご講習会＝生長の家総裁、副総裁が直接指導する生長の家講習会。現在は、谷口雅宣副総裁、谷口純子生長の家白鳩会副総裁が直接指導に当たっている。
＊生長の家白鳩会＝生長の家の女性のための組織。

豊か色で過ごした四十代。そして今も…

宮崎県三股町　菊谷喜代子《きくたにきよこ》（57歳）

可能性への挑戦のスタート

専業主婦として、家事と子育てに追われていた私が、自分も外に出て働こうと決心したのは、今から十七年前、四十一歳になったばかりのころでした。長男が大学に入学し、何かとお金が必要になったことや、末の次男（長女はすでに働いておりました）も小学校四年生になり、手がかからなくなったことも、その理由としてあげられますが、何よりも、自分の可能性に挑戦してみたいという気持が強かったからです。

何が私にできるだろうか？　と探《さが》しているとき、知人から〝国立病院で看護助手を募集している〟という話を教えてもらいました。

そのとたん、自分が女学生のころ、従軍看護婦をめざしていたものの、疎開と終戦のため挫折《ざせつ》していたことを思い出し、さっそくその病院へ飛んでいきました。看護婦さんの手足となって働けることが本当に嬉《うれ》しくて、精神的には充実した日々を送っていたのですが、時間的にはやはりかなりハードなものでした。

私は、結婚後まもなく生長の家に入り、相愛会＊（当時）の会計をしたり、講習会に出席する人を誘ったり、と、さまざまな愛行《あいぎょう》＊をしてきたのですが、それらの時間が、ほとんど削られていきました。そこで、長男が無事大学を卒業し、就職が決定したのを機に、五年間勤めた国立病院を辞《や》めることにしました。

そしてしばらく休んだあと、今度は、愛行とともにできる仕事を、と探しはじめ、〝自由な時間がとれる〟というキャッチフレーズの保険会社に入りました。仕事は、保険の外交員です。たいへんな仕事だから止めた方がいいという声も聞かれましたが、はじめからあきらめるのではなく、階段を一段ずつ上がるように仕事を覚えていこうと思いました。それに、入る前に会社から、「生長の家の会合があるときには、そちらに出席してもいい」といわれたのが、何よりの魅力だったのです。

ところが、いざ入ってみると、話が違い、「そういう私的な理由で休まれるのは困る」といわれ、ショックを受けました。また、保険の集金はたいてい夜になり、公務で疲れて帰って来た主人に、車で送ってもらわねばなりませんでした。はじめは協力してくれた主人でしたが、契約成立のときなど、何時間も外で待たされることが度重なると、当然、機嫌《きげん》が悪くなってきます。とうとう三ヵ月目に主人から、辞めるようにいわれてしまいました。しかし、たった三ヵ月で辞めては何もならないと思い、人なみに二年間はがんばりました。が、やはり〝女は主軸ではない、主人の機嫌の悪くなるようなことを、これ以上続けてはいけない〟と思い直し、辞めることにしました。それに、〝二年間で、充分やった〟という気持が、そのときの私にはあったからでした。

敵対心ばかりの会社で…

私が仕事を辞めて、家にいるというと、なぜかすぐに噂《うわさ》が広がり、次の仕事を紹介してくださる人が、たくさんみえました。新しく家も建ち、ちょうど次男が大学に入ったところで、再びお金も必要となっていたので、私は勧《すす》められるままに着物の会社に入ることにしました。

そこは、京都の呉服屋さんからの着物を卸《おろ》し、販売する事務所でした。私の仕事はセ

豊か色で過ごした四十代。そして今も…

「仕事で培われた情熱は、生長の家の活動に生かされました」と語る菊谷喜代子さん

ールスレディ。つまり、〝保険〟が〝着物〟に変わったのです。ですから、セールスのしかたや会社のシステムは、だいたい想像することができました。

しかし、事務所に入るなり、私は壁中に貼《は》られた貼り紙を見てびっくりしました。それは、同じ着物の会社の、他の支店から送りつけられてきた、挑戦状のようなものでした。

そこに書かれていたのは、悪口雑言《あっこうぞうごん》…つまり、支店同士で争わせることによって、〝こんちくしょう！　絶対あの支店より勝つぞ〟という気持を奮起《ふんき》させ、売上を伸ばすためのものだったのです。そこには、〝調和〟とか、〝感謝〟とか、〝お客さまのために〟とかいう空気は、まったく流れていませんでした。

一瞬、この会社でやっていけるだろうか…、という気弱な考えが、頭をかすめました。しかし、配られた活動手帳を見て、〝これは神さまが、私に試練を与えてくださっているに違いない〟と確信したのです。その活動手帳は、前にいた保険会社のものと、そっくりだったからです。つまり、自分では充分やってから辞めたつもりだったのに、神さまは、まだ、力を出し切っていなかった、と判断されたのだと思ったのです。（補記・当時の手帳は、未だに処分し切れずに持っております。時々手にとっては、当時の活動状況を思い出しています。）

敵対心ばかりが燃えるこの会社で、自分の実力を発揮できるのだろうか…？　たしかに不安はいっぱいでした。主人からも、「どうしていつもあえて苦しいところばかりに飛びこんでいくのか」といわれましたが、コツコツやっていれば、きっと神さまがなんとかして下さる、もう逃げまい、と私は心に決めました。

バイクに乗りながら招神歌《かみよびうた》を

着物のセールスレディというのは、活動手帳のテリトリーマップに添《そ》って、一軒一軒、家を訪問し、着物や帯、たびなどをお勧めするのが仕事です。私はバイクの免許を持っていたことと、保険の外交員の経験があるということで、七地区を受け持つことになりました。

毎朝、家を出る前には、まず一分間、すべてのことに感謝して「今日も神さまのみ心の中にある、すばらしいお客さまとめぐり合わせ給え」と祈りました。また、バイクで走りながらも口の中で、招神歌《かみよびうた》(生長の家独得の座禅的瞑想法である「神想観《しんそうかん》」の実修の時などに唱《とな》える歌)を唱え、自己礼拝をしました。

遅刻しそうなときなど、信号がうまいぐあいに、青ばかり続くことがあり、こんなときは、〝潜在意識は宇宙意識につながる〟という『生命の實相』(生長の家創始者・谷口雅春著)のことばを思い出し、自分が見守られていることを実感したものでした。

ときには訪問先で、「着物なんかいらんっ」と怒鳴《どな》られることもありました。こういうときは、ほとんどの人が、腹をたてて引き下がるか、ケンカになるのかのどちらかでしたが、生長の家に触れていた私は、ちっとも頭にきませんでした。ただ、今は機嫌が悪いんだろうなあ、と思い、笑顔をくずさず、そのまま玄関でお勧めすることを続けました。

今から思えば、ずいぶんずうずうしいのですが、私は一度会った方と、お互い嫌《いや》な気分のまま別れることをしたくなかったのです。語り続けていると、たいていの方は、奥から出てきて、「考えておきます」と、さっきとは違う口調でいってくださいました。一人ひとりのお客さまを大切にしたい、という気持は、必ず相手に伝わるものだと思いました。

セールスのマナーが自然に

その会社では、ときおり、〝パーティー〟といって、一軒のお宅のひと部屋で、着物を展示して、ご近所の方に見にきてもらうという催《もよお》しがあり、その会場を探すのも、セールスレディの仕事でした。

自分で見つけた会場でパーティーがあるときは、最後まで責任を持たなければいけません。何人かの社員とともに出かけるのですが、たいていは、夜の七時ごろからはじまり、家に帰りつくのは夜中になってしまいます。それでも、パーティーの間は、見に来ていただけたことを心から感謝し、一所懸命お客さまに接することができました。もし、生長の家に触れていなかったら、帰る時間ばかりが気になって、笑顔を続けられなかったかもしれません。最高のコンディションで、笑顔いっぱいに接するのがセールスのマナー。生長の家のみ教えは、このマナーを無理なく自然に、私に守らせてくれていたのでした。

展示会が成功したわけ

そして、仕事をはじめて三ヵ月後には、その〝パーティー〟を大型化した、〝展示会〟が行われることになりました。これは、新人がどれだけお客さまを集められるかという、腕試《うでだめ》しでもありました。

展示会の案内状を出すことになり、私は今まで接してきた、三百人ものお客さまの顔を思い浮かべました。案内状は、すでに印刷されており、印鑑を押すだけの作業でしたが、私は、一枚一枚、「ありがとうございます。必ず来てくださいます」と心をこめて唱えながら押しました。

展示会が行われるのは、ちょうど夏の暑いさかりになる予定でした。私の横では、何人かのレディさんが、「こんな暑いときに、人なんか来るか」とブツブツいいながら、印鑑を押していました。ああ、望まないことは、口に出さない方がいいのになあ、と、私はとても残念に思いました。

さて、いよいよ展示会の日がやってきました。日程は三日間。どれだけのお客さまが来てくれるか、期待感で胸をふくらませてお客さまを待ちました。そして、結果は、一日二十人ずつ、三日間で六十人。そのほとんどが、私が案内状を出したお客さまだったのです。売り上げは、目標額の百万円を越え、百七十万円にものぼり、ベテラン社員の方々や他の先輩レディさんが、ずいぶん驚かれました。

わが業《わざ》はわが為《な》すにあらず。神さまの与えてくださった成功に、涙が出そうでした。

そして、翌日、展示会の成果発表をすることになりました。私は、今だ！　とばかりにずっと心の中で思ってきたことを、みんなの前で打ちあけました。

「みなさんは、案内状に印鑑を押すとき、どんな気持で押されましたか？　私は一人ひとり〝ありがとうございます。必ず来てくださいます〟と念じながら押しました。強く念じ、言葉にしたことは必ず実現するという、言葉の創化力というのがあるのです。ですから、みなさんも、望まないことは言葉にしないでください。せっかくたくさんのお客さまのところを訪問しているのに、惜しいと思うのです…」

発表が終わると、息子のような年齢の店長さんは、たいへん感激してくださいました。事務所のフロアー全体に、敵対心以外の、新しい風が流れはじめたのを私は感じました。

そして一年後、三回の展示会を成功させ、やはり夜遅くなるのは主人に申しわけないという思いが募《つの》り、私は着物の会社を去りました。

でも、保険の会社を辞めたときとは違う、爽《さわ》やかな充実感に満たされていました。

培われた情熱は今も

あれから、七年近くたち、現在は、新聞の投稿などで、積極的に対社会活動を行ったり、国旗掲揚運動に参加しています。また、町内の交通指導員としても、貢献させていただいております。私のこの〝何にでも体《たい》あたりで挑戦しよう〟という情熱は、四十代からの体験によって、強く大きく培《つちか》われたように思います。(補記・培われた情熱は、その後、対社会活動と共に、生長の家の普及誌*購読者拡大に生かされました。一ヵ月約三名と目標を設定し、生長の家の会員でない友人にお勧めして、年間で四十名の方に購読者になってもらったこともあります。購読者になっていただいた方の中には、その後、高齢になられてもなお購読して下さる人、数年で止められる人など、いろいろですが、み教えを真から求めて下さる人の方が多いのです。)病む間もなく、常に豊《ゆた》か色で過ごさせていただいた四十代。五十代でも、その色をあせさせることなく、さらに輝かせていきたいと思っています。

（平成二年五月号　撮影／砂守かつみ）

＊相愛会＝現在は、生長の家の男性のための組織。
＊愛行＝人々に対する愛の行ない。
＊普及誌＝生長の家の教えを普及するために発行している四種類の月刊誌。中・高年男性向けの『光の泉』、女性向けの『白鳩』、青年向けの『理想世界』、中・高生向けの『理想世界ジュニア版』がある。日本教文社発行。

お客様に誠心誠意尽くすこと。これが私の自信のもと

京都府宮津市　大江青美《おおえはるみ》（62歳）

私が民宿「大寿荘」を経営する大江の家に嫁いできて、三十五年の月日が流れました。姑《しゅうとめ》との不調和を乗り越え、苦手だった接客を好きになることができ、不景気が続く世の中でも客足の絶えない経営を続けていられるのも、すべて生長の家の教えがあったからだと、つくづく思うこの頃です。

私は、丹後《たんご》ちりめんの白生地織りで有名な、京都・加悦《かや》町に生まれました。中学を卒業したのは昭和三十年。当時、ちりめんの機織《はたお》りは全盛期を迎える寸前で、地域の子供たちは中学卒業と同時に手伝うのが習わしでした。私の両親も機織りの仕事をしていま

したので、私は中学卒業と同時に、毎日家で機織りをする日々を送りました。

生長の家の教えと出合ったのは、ちょうどその頃です。母は病弱で、そのせいでいろいろな宗教をかじっており、その中に生長の家がありました。居間にはいつも生長の家の月刊誌が置いてあり、私はその月刊誌を読むのが好きだったのです。そして、私も生長の家青年会に所属し、いろいろな集まりや講習会に行ったものでした。

子宝には恵まれたけれど…

そんな生活を送っているうちに、私も年頃になりまして、あちこちから縁談の話がやってきて、二十七歳の時にお見合いをした男性と結婚したのです。それが主人の大江寿男です。

嫁ぎ先は、生家から車で三十分ほど離れた宮津市。天橋立《あまのはしだて》で有名な所です。夫はそこで、漁業と農業を営みながら、民宿業を始めたばかりでした。

男兄弟ばかりの中で育ち、機織りと読書が好きだった私は、人と接することがあまり好きではなかったので、接客をしなければいけない民宿には向かないと思っていました。

が、嫁いだ当時は、義父の知り合いのAさんが民宿を切り盛りしていましたので、幸い、しばらくは専業主婦という立場でいることができました。

こうして、主人と私、義父と義母の四人の生活が始まりましたが、そこには大きな苦痛がありました。義母は、美しい人でしたが、性格はとてもきつく、私のすることがすべて気に入らず、毎日「あんたが悪い」と言って、私を責め、排斥するのです。

義母は若い頃から行商に出ていた根っからの商売人で、家事はまったくの苦手でしたので、家事について文句を言うことはなかったのですが、大江家のしきたりを教えてくれず、外でも私の悪口をよく言っていたようです。

いま思えば、それも無理はないのです。義母もまた、姑にいじめられて苦労してきたので、私に対してもそうするものだと思っていたようです。義父は農業をし、地域の役職をよく引き受けていましたが、一方で女遊びが絶えず、義母が稼いできたお金をそちらで使うのです。そんな中で義母も、きつく気丈にふるまっていたのでしょう。しかし、当時の私は、とてもそんなふうには考えられませんでした。

私は女の子二人、男の子三人の五人の子供を産みました。昭和四十八年には、やさし

お客様に誠心誠意尽くすこと。これが私の自信のもと

真心のこもった手作り料理が、大江青美さんの民宿の最大の魅力。民宿から車で10分のところにある日本三景「天橋立」で

かった義父も他界し、私は義母との関係にますます悩むようになったのです。

生長の家の教えを一所懸命実践し、義母の実相*を拝んだ時は、心が晴れやかになるのですが、家に戻るとまたきつい仕打ちが待っています。私はじっと黙っているのですが、義母はますますエスカレートします。子供が熱を出しても、民宿のお客さんが減っても私のせい、という具合です。とうとう堪忍袋《かんにんぶくろ》の緒《お》が切れて、喧嘩《けんか》をしたこともありましたが、結果は何も変わりません。

主人はただ「あれは母の性分やから我慢せえ」と言うばかり。それでも、家を飛び出したりしなかったのは、やはり信仰があったからだと思うのです。もし教えを知らなかったら、私はストレスに押し潰《つぶ》されていたでしょう。

民宿経営

そんな私に、さらなる試練がやってきました。Aさんが民宿経営から手を引き、私がやらなければならなくなったのです。

当時、子供たちはまだ小さく、手がかかる時期でした。家事をこなしながら、民宿の仕事をするのは大変です。おまけに接客が苦手なのですから、これほど苦痛なことはありません。

それでも、当時の民宿は六月から十月までの間、釣りのお客さんを対象にしていましたので、まだ何とかがんばることはできたのです。ところが、昭和五十九年に宮津で発電所建設工事が始まってからは、その関係者の方たちが滞在する施設として民宿を開放しなければならなくなり、年中商売になってしまったのです。

主人が少しは手伝ってくれるものの、毎日二十人以上のお客さんの料理を作り、相手もしなければなりません。どのように接したらいいのか、その心得を教えてくれる人もいない。地域の民宿のおかみさんたちは皆、器量よしで話上手です。寄り合いに出れば「あんたには一番向かん仕事やね」と言われますが、自分でもその通りだと思っていました。

こんな気持ちで、民宿を切り盛りしていけるわけがありません。ある日、私はとうとう、主人に言いました。

「もう私にはできん。やめたいんやけど」

「あかん！　改造したり、布団を買ったり、資本もかかっとるんや。せなあかん！」

主人にこう言われて、私の腹は決まりました。（もう逃げられない。私は、この仕事をしていかなくてはいけないのだ）と。

では、どうしたらこの仕事が好きになれるのだろうか。どのように接客していけばいいのだろうか。私は悩みに悩みました。そして私は「何かひとつ、自信がもてることがなければ、この仕事はやっていけない」と思ったのです。

その「ひとつ」とは何だろう、私には何ができるのだろう……その答えは、生長の家の教えの中にきっとあると思いました。

真心の宿

私はそれから、一所懸命に生長の家の本を読んだり、神想観《しんそうかん》（生長の家独得の座禅的瞑想法）をしたり、講習会に参加したりして、自分にできることを探しました。そして、ひとつの気付きがあったのです。

「そうだ、私には真心がある。誠心誠意、お客様に尽くしていく。これしかない！」

そう決意したのです。

それから私は、話下手を克服すべく、毎日の新聞に目を通して話題を探したり、主人や義母の話を聞きかじって、旬の魚や釣りのことについても知識を増やしました。

最も力を注いだのが、お客様にお出しする料理です。主人が田んぼで作った丹後コシヒカリに、宮津の特産品である「つくねいも」を使った料理、旬の魚を使った一品などを、料理の本も参考にしながら試行錯誤を重ねて、次々と考案していきました。

発電所工事の最中には、一年間滞在するお客様が大勢いらっしゃったので、飽きがこないよう、毎日の献立を考えることは、本当に大変でしたが、その努力が後にとても生かされることになりました。

そうしているうちに、お客さんの反応も徐々に変わってきました。

「今日の料理はなに？　楽しみだなあ」「おいしかったよ」「ここは居心地がいいね」

――そんな言葉をかけていただけるようになり、それが私にとって、何よりの喜びになっていったのです。

工事が終わり、やがて不景気の波が押し寄せ、近所の民宿のいくつかが営業をやめても、民宿「大寿荘」の客足は絶えることがなく、常連のお客様も増えていきました。

平成九年、義母が九十二歳で他界しました。亡くなる数年前に堤防から落ち、足を骨折して寝込むようになってからは、痴呆《ちほう》症気味になり、きつい性格も和《やわ》らいでいただけに、悲しみは大きいものでした。いまは、義母によって鍛えられたのだと、心から感謝しています。

大寿荘のお客さんが喜んでくださるのも、義母に感謝ができるのも、私はすべて、生長の家の教えのお蔭《かげ》だと思っています。

朝四時に起きて、釣りのお客様のための昼食のおにぎりを作り、六時には朝食を出し……、そしてすべての片付けが終わるのは夜十時という生活がずっと続いています。

五人の子供たちは成人し、それぞれ思う方向へ巣立っていきました。次女だけが地元の特別養護老人ホームで介護の仕事をしながら、私たち夫婦と同居していますので、時々民宿の仕事を手伝ってくれます。

また、近所の方々や生長の家の奥様方も、暇を見つけて手伝いにきてくれ、本当に感謝しております。

私は民宿業の合間に、農協婦人会の仕事があり、また生長の家白鳩会の役職や、誌友会の開催などをこなしていますが、その忙しさが私を生き生きとさせてくれているような気がしています。

先日は、アメリカの『SAVEUR』(セイバー)という雑誌に、大寿荘とその料理が紹介されました。長年の努力が報われたようで、本当にうれしい出来事でした。

まだまだ至らないところがありますが、とにかくお客様にゆっくり泊まっていただくことを心がけている毎日です。そして、一度泊まったお客さんが、またもう一度、足を運んでくださるということが、何よりもうれしいと感じるようになりました。

「ゆっくりできたよ」

この言葉が聞きたくて、私は今日も民宿の扉を開けるのです。

(平成十四年一月号　撮影/原　繁)

＊実相＝神が創られたままの完全円満な姿。

不況なんて何のその！
一途な祈りで商売繁盛、無病息災

兵庫県吉川町　浮田有子《うきたゆうこ》（49歳）

新興住宅地として成長を続けている兵庫県美嚢《みのう》郡吉川《よかわ》町。整備された美しい街並みの中に「ミズ倶楽部ウキタ吉川店」がある。店の半分は電気店、残りはクリーニングショップ、郵便業務取次に写真の現像、介護用品のレンタルもできる便利な店として、地元の人たちに親しまれている。店主は浮田有子さん、笑顔でパワフルな女性である。「二年前までは、体も弱く、気負った生活をしていたんですよ。でも教えに出合ってから、毎日が楽しくてうれしくて…　商売は不況ですが、楽な気持ちで乗り越えています」と大きな声で笑う。

私は大阪・生野区生まれ。時代に合わせてさまざまな家内工業を営む両親のもと、兄とともに育ちました。幼い頃から自律神経系が弱く、季節の変わり目になると体調が悪くなったり、年中、便秘薬を手放せないという症状にも悩まされていましたが、それ以外は活発な子供でした。

私は八歳の頃から、祖父・母と受け継がれてきた人生の筋道や倫理の良いお話を聞く会に参加するようになりました。眠かったけれど、日頃忙しくてかまってくれない母が、この一時間だけは私だけに向いてくれる……そのぬくもりがうれしくて、一所懸命に参加しました。私はこの会のお蔭《かげ》で、素直に成長していきました。

しかし同時に、その倫理を持って、母を責《せ》めるようにもなってしまいました。当時、両親は不仲で、父が大好きだった私は「お母さんがいけない」と母ばかりを責めていました。

高校卒業後、ＯＬになった私のもとへ、神戸に住む伯母からお見合い話が舞い込みました。「近所の電気店の青年が、とても真面目な好人物だから、ぜひ会ってみて」と言うのです。実際会ってみると、本当に真面目な青年でした。そして何よりも、母が「この人と結婚するといいと思うよ」と強く勧《すす》めました。

私は、母を責めてきたことを、とても後悔していましたので、今が親孝行のしどきだ、ここで素直に「はい」と言おうと思い、このお話を受けることにしたのです。

こうして私は二十四歳で義雄さん（当時29歳）と結婚、神戸市東灘区《ひがしなだ》に住みました。双子の長男、次男、五年おいて三男を出産し、倫理の学びに基づき、主人中心の生活、貧しさのなかでも日々、精一杯《せいいっぱい》の精進《しょうじん》の生活でした。

しかし相変わらず、季節の変わり目になると体調はすこぶる悪くなってしまいました。特に春。木の芽が吹きだすと、両手が疼《うず》きだして、体全体が圧迫された感じになり、呼吸がうまくできなくなるのです。気分はウツになり、結婚してからはメニエル病を発病したりしました。

夕食の支度も、掃除もできなくなってしまう私でしたが、それでも主人は文句ひとつ言わず、黙って手を貸してくれました。

結婚して十三年目、主人は東灘区北青木《おうぎ》に電気店「ミズ倶楽部ウキタ」を開業。大手電気会社のチェーン店です。それからは私も、夫とともに店に立つようになりましたが、やはり春先や、メニエル病が出ると、寝込んでしまいます。しかしそんな時も、主人は

不況なんて何のその！　一途な祈りで商売繁盛、無病息災

明るくパワフルな浮田有子さんの元気の元は、「日々の祈り」。不況になんか負けないと道を開いてきた

何も言わず、黙って見守ってくれました。

主人は本当に素晴らしい人です。やはり母の選択は正しかったと、今さらながらに思います。

教えと出合って

開店して八年の月日が過ぎた朝。あの「阪神大震災」が襲いました。東灘区は特に被害がひどかったのですが、賃貸の木造築四十五年の浮田家は崩壊せず、しかも家族全員が無傷でした。まさに奇跡的な出来事でした。

倒れなかったとはいえ、市の認定は住むことができない「全壊」で、柱にはシロアリがいたようでボロボロ、よくぞ立っていてくれたと感謝でした。家主さんより五年を目《め》処《ど》に他に住むところを探して欲しいと言われました。

縁があり三年前、神戸市の北隣りにある吉川町にこの土地と店舗を兼ねた家を購入しました。

主人は青木の店のほぼ前に、店舗を新たに借りました。大切なお客様を放っては行けないからです。毎日、吉川の自宅から青木のお店にトラックで通っています。

こうして、主人は青木、私は吉川と二店舗を経営することになったのです。

そんな二年前の十一月。私は「福祉環境コーディネーター三級検定」の試験を受けようと連日遅くまで勉強し、いよいよ試験当日の朝を迎えました。ところが、布団から起きようとしても、右半身が痺《しび》れて、まったく体が動かないのです。急いで病院へ行くと、頸椎《けいつい》四番目のヘルニアと診断されました。

座薬、鎮痛剤も効かないほどの激痛と三日三晩戦い、苦しみました。倫理の会の方にも相談しましたが納得できる答えではありませんでした。その時ふと、昔お世話になった鍼灸《しんきゅう》医院の先生のことを思い出し、電話をして相談しました。すると、その先生が突然こう言ったのです。

「生長の家の聖経《せいきょう》＊を読めば、痛いのが治るよ。本来、病気はない。あなたが感じている痛みは、先祖からの『供養しなさい』とのメッセージなんだよ。あなたが素直な心を持っているから、先祖が訴えてきたんだよ」

ヘッ！　お経を読んで病気が治る？　びっくりしました。しかし、その話に妙に納得してしまったのと、痛みを何とか取りたい思いで、私はその先生から贈られた聖経を朝昼晩と、店番をしながら読み続けました。

すると痛みがどんどん和《やわ》らいで、一ヵ月もしないうちに治ってしまったのです。

私は、宗教は他力本願《たりきほんがん》でイヤだと思っていましたが、自分の求めただけのものが与えられる世界なのだ、ということが分かり、もっと教えを学びたいと、強く思うようになったのです。

それから毎日、聖経を読み、生長の家の母親教室*や誌友会にも参加し、まるで乾いた砂が水を吸うような勢いで教えを吸収し始めたのです。するといつのまにか、あんなに辛《つら》かった自律神経の症状も、メニエル病も消えてしまいました。

家族で商売を支える

教えを学ぶ中で、私が最も驚いたのが、仕事への考え方の違いでした。それまで、商売というのは、自分の力でお客様の信頼を勝ち取っていくもの、自分が自分がと考えていたのですが、生長の家は「神様、あなたの仕事をやらせていただきます」という考え方なんですね。これにも驚きました。

生かされているというのは、なんと素晴らしい、今までのようにもう気負う必要もないと感じ、自己処罰《しょばつ》の多かった私から、自己讃嘆《さんたん》するような自分となり、本当に楽になりました。それからというもの、店のシャッターを開ける前に、必ずそのように祈らせていただいています。

そして仕事中には、生長の家で教わったように「プラズマテレビが売れました」「冷蔵庫が売れました」と、既に願いが叶《かな》ったように過去形で祈り、「どうぞ、お客様にとり、すばらしい幸福が訪れますように！」と祝福の祈りもプラスします。店を閉めるときには「今日一日、神様の知恵によってお導きくださり、ありがとうございます。感謝いたします」と祈っています。

犬の散歩中も、トイレの中でも、家事をしているときも、常に祈りの言葉を口にしています。

そうしているうちに、「売れた」と祈ったものが本当に売れることが、たびたび起こるようになりました。そして何よりうれしい奇蹟が起こったのです。

それは一昨年十一月、長男の茂浩《しげひろ》が結婚、と同時に「店を継ぎたいので会社を辞める」と言ってくれたのです。我が家の長男と次男は工業高校電気科を卒業し、ビルの配線業務に就《つ》いていましたが、どちらにも店を継ぐ意思はないように見えたので、電気店二代目は夫婦であきらめていました。

これが祈りのお蔭なのかと感動しました。この不景気で、町の電気屋さんはみんな一代で終わっていっているのです。それなのに、二十三歳の若さで家業を継ぐと言ってくれる息子を持ったことに、本当に感謝しました。

こうして、青木の店舗は、主人と長男の茂浩の二人で経営していくことになりました。しかし、ここで問題が持ち上がりました。それは、息子に支払う給料の捻出《ねんしゅつ》方法です。所帯を持った息子には、どうしても一定額の給料を支払ってあげないといけません。しかし商売は水もの、売上げのよい月もあれば、そうでない月もあります。その中で、息子の給料を確保することは、私たち夫婦にとって頭の痛いことなのでした。

だが私はめげずに、「こんなときこそ、祈りをさらに深めるべきだ」と思いなおしたのです。

「ミズ倶楽部ウキタ電気店、ますます繁盛。浮田義雄さん、浮田茂浩さんは神の子さん。実相円満完全、実相顕現」「息子の給料が無事払えました。仕入れの支払いも、すでに終わりました」

と祈り、既に払ったかのように領収書を作り、神棚に置くということを毎月、続けることにしました。

そうしたら、もう一年間がたちましたが、給料も支払えて、仕入れもできていたのです。主人といつも「不思議やねー」と言っています。

大繁盛までには至りませんが、必要なものが、必要なときに、必要な分だけ入ってくる。こんな幸福はないと、私は日々感謝して止まないのです。

「幸運が来るまでに、幸運の雰囲気を作ることが必要である。部屋を清め、窓を開き、ガラスを拭《ふ》き、門前を清め、よきお客様が来るような気持ちで、せっせと働いておれば幸福は訪ねてくるのである。大丈夫《だいじょうぶ》、大丈夫、必ず良くなる」

鍼灸師さんに教わった生長の家創始者・谷口雅春先生のこのお言葉こそが、私の座右《ざゆう》の銘《めい》です。商売を「神様の仕事」として捉《とら》え、これからもがんばって、少しでも人のためになるようなことを見つけていきたいと考えています。

二年前、受けられなかった福祉環境コーディネーターの試験にも、再度挑戦し、これからは介護用品に力を注いでいきたいと思っています。

そしていつか、この吉川に生長の家の会館を建てたいのです。皆がいつでも祈ることができて、いつでも幸せになれる場所として——。


（平成十五年二月号　撮影／近藤陽介）

＊聖経＝生長の家のお経の総称。『甘露の法雨』『天使の言葉』『続々甘露の法雨』などがある。
＊母親教室＝生長の家白鳩会が主催する母親のための勉強会。お問い合わせは、最寄りの生長の家教化部まで。巻末の「生長の家教化部一覧」を参照。

夢のある美味しい、体に良いお菓子作りを…

仙台市宮城野区　伊藤千鶴子《いとうちづこ》（53歳）

新しいお菓子屋に生まれ変わった

「はい、〈岩きり〉ですね？　三時半頃には、売り切れてしまうこともございますので、お早目においでください。『いとうや』は、仙台駅からいらっしゃいますと、利府バイパスをまっすぐ、今市橋の南たもとです」

私が、電話を受けている間、工場では主人、長男、次男、お菓子作りの職人さんなどが、忙しく手を動かし、店では十人の店員さんがお客様の対応に追われています。その間を、縫うように、舅《しゅうと》、姑がときどき奥から出て見守って歩く…。

私の故郷《ふるさと》岩手県遠野に古くから伝わる伝統のお菓子「明けがらす」をヒントに開発した〈岩きり〉は、ゴマとクルミの香りもこうばしい和菓子です。

主人が試作を重ね、ここ仙台市宮城野区岩切の名物にとの願いをこめて命名、売り出したのは平成二年の冬。お求めになった方、贈られた方などから伝わるのでしょう、一日に五、六本、問い合わせの電話があります。

明治十五年創業の「伊藤屋」は、長男の代で五代目になります。たんきり飴《あめ》や黄粉《きなこ》飴、黒パンなどの駄菓子を商《あきな》っていたそうです。私が嫁いできたときも、和菓子作りの他に家庭雑貨なども店に並べ、ようやくしのいでいるような小さな店でした。

それが、三年前に長男が東京で一通りのお菓子修業を終え、もどってきてからは、商号も新たに「和菓子と洋菓子の店・いとうや」に生まれ変わり、日に百五十人から二百人のお客様を迎えるようになりました。

今日の繁栄を誰が予想したでしょう。

お菓子作りに励む主人と長男の横顔を見るとき、私は夫と子どもに導かれ、ここまできた道のりをふと、思い出すことがあります。

神に語りかける心を養う

昭和四十一年一月十日。冬の夜の厳しい寒さも忘れ、私は、手術室の扉の前で生長の

夢のある美味しい、体に良いお菓子作りを…

明るく楽しい雰囲気の「いとうや」。ご主人の哲朗さんと

家のお経『甘露《かんろ》の法雨《ほうう》』を読誦《どくじゅ》し続けました。心房中隔欠損症の長男が、三歳になるのを待ち手術を受けたのです。

私はその日、すでに昭和のはじめから生長の家の教えにふれていた姑《はは》にすすめられ、東京・調布市にある生長の家本部練成道場の練成会*（合宿形式で生長の家の教えを学び、実践するつどい）に参加し、もどったその足で病院に駆けつけていました。

「人間は神の子で、本来、罪も病もない存在である」の真理を分かるはずもなく、宗教嫌いだった私は、ただ、ワラをもつかむ気持でした。

当時、心臓の手術の成功率は四分六分といわれていました。朝九時に手術室に入った長男が出てきたのは、翌朝七時。

生きていました。十数時間にわたり、医師たちが交替で、人工呼吸をしてくださったのです。

「ああ、助かった」、と安堵したものの、体中にチューブをつけられた長男が痛々しく、不安が押し寄せてきました。なに者かのみ手に導かれながらも、私は、まだ、苦しいときに祈ったはずの「神」を身近に感じることができませんでした。

大きな転換点が訪れたのは、四十三年。伊藤屋の跡を継ぐはずの主人の兄が亡くなり、国鉄（当時）に勤務していた主人が家を継ぐことになったのです。主人はそのことで悩み、ノイローゼになり、半年入院し、退職せざるを得なくなりました。

主人は国鉄のノンプロ野球で活躍していましたから、好きな道から離れるのが耐えられなかったのです。

お菓子屋をするのがイヤでイヤで、深夜に家を出て、ベルトで首をつろうとしたがうまくいかず、車に飛び込んでも死ねず、病院の個室で壁に頭を打ちつけても死ねなかったといいます。

主人が病院から帰ってきた日、私ははじめて「主人をまもってあげたい。私の愛でつつんであげよう」と愛情がわき上がってくるのを覚えました。

それまでに、五人の子どものうち、三人の男の子が生まれていましたし、姑のもとで店番をしながら主人の帰りを待っている生活は、あまり楽しいとはいえないものでした。

憧《あこが》れていた叔父が鉄道マンということもあって、国鉄の人はまじめで誠実、きっと幸福になれると思って見合い結婚したのですが、スポーツマンの生活にはなじめなかったのです。特に、野球の練習が終わると外へ酒を飲みに行ってしまう主人がうらめしく、「いまごろ、きれいな女の人とお酒を飲んでいるのか」と想像し、いたたまれない気持になったものでした。

主人は、舅に和菓子作りを習い始めました。同じ年、姑と主人の妹が患い入院。伊藤屋の最も暗い年でした。いつしか私は、店を閉め、家事を終える夜九時ごろ、仏壇の前に正座し、聖経『甘露の法雨』を読誦するようになっていました。ちょうど、姑がそうしていたように……。

家の近くで、長男が砂利を満載したダンプカーに巻き込まれ、乗っていた自転車はペシャンコ、奇跡的に本人はかすり傷一つ負わずに助かるという事件がありました。手術から三年、長男は六歳になっていました。

「何者かの大きな愛に護《まも》られている」ことを全身で感じたできごとでした。私は神のもとに導かれるために、いろいろなことを見せられているようだと思いました。

私は、店番をしながら、ほんの数分の時間を利用し、生長の家の教えの本を読むようになりました。特に、『魂のめぐり逢い』（藤原敏之著、日本教文社刊）は、幸福な結婚生活をしたいと切に望む私に答えるようなご本で、むさぼるように読んだのが懐《なつ》かしく思い出されます。

家事と育児と店番と。使用人もなく、一切が私の肩にかかってきました。どん底に落とされ、かえって神が身近に感じられるようになったのは、不思議です。私は忙しい商売の中で、常に神に語りかけ、神と交流する心を養っていきました。家にいるようになった主人に、少年野球チームの監督をやってくれないか、との声がかかりました。主人に、野球を通した青少年の育成という仕事が与えられたのです。

高校時代はプロ野球を目指したが、身長が足りなくて涙をのんだ主人でした。野球に対する愛情はなみなみならぬものがあります。和菓子作りをする主人の表情も、明るくなっていきました。

アイデアの源は、感謝の心

本当にわが家が明るく輝き出したのは、長男が東京の日本菓子専門学校を卒業、洋菓子店で三年修業をし、もどってきてからです。

長男には一度も家業を継ぐように強制したことはありません。でも、子どもは主人を誇りに思い、同じ道を歩いてくれました。これも、素直に教えを実行し、子どもの前では、どんなときでも、「お父さん、すばらしいね」と主人を讃《たた》え、「ハイ」と従ってきたからだと思います。神に感謝、夫に感謝、息子に感謝しました。

家族三世代で話し合い、舅と主人がこれまで通りの和菓子を、長男は洋菓子を作り販売する方針が固まりました。ちょうど、今市橋の工事に伴《ともな》う移転の補償金がおり、これを機会に店を改築し、新しく開店しました。

長男が帰ってきたときは、嬉《うれ》しくて「さあ、『いとうや』はこれからだ」と希望に胸が弾みました。店に立っていても「神様は私をいつも愛していてくださる」と思え、心があたたかくなります。

そして、その嬉しい気持のままに、仏壇に向い、聖経を読誦し、神想観を行じたとき、いろいろなお菓子作りのアイデアが与えられたのです。

もともと、私は小さいころから料理が大好き。結婚前は、料理を通じて食べる人を健康で幸せにしてさしあげたい、と純粋に信じ、病院の栄養士として働いておりました。

実家の妹が製法を手紙に書いてきたのがきっかけになり誕生した〈岩きり〉をはじめ、〈よくばり人参〉〈はりきりポテト〉〈飛んでるトマト〉など、私のアイデアが、主人と長男の手で次々と商品化されていきます。

岩きりは、試作を重ねていたある日、業者が原料を間違《まちが》えて納入したのです。その原料をつかったところ、これまでにない、斬新《ざんしん》な味が生まれたのです。「これはいける！」と大喜びし、主人の手によって完成されました。〈岩きり〉と名づけ、売り出すまでにゆうに二年かかりました。

新商品は飛ぶように売れ、私一人が雑務に走っていた店は、従業員を十人かかえるまでに発展しました。

いま、私は糖尿病など、食餌《しょくじ》療法が必要な方のためのお菓子作りを考えています。

最近、とてもうれしいことがありました。

電話で実家の母と話をしたとき、母は私を案じてこまごまとしたことを言います。思わず、「伊藤の姑《はは》はそんなこと言わない。みんな私に任《まか》せてくださるわ」といい放って、ハッとしました。そうでした。

お乳を飲ませている子どもを振り切るように店に立つ私を、体の弱い姑はなにも手伝ってくれず、私は心のどこかで恨んでいたのです。それが、自分自身の口から出たことばで、姑は私にすべてを任せてくださっていたことに気がついたのです。私と姑は、いのちの世界で一つであったのです。

その日から、神は私の外にあるものでなくなったのです。私は私の中の神を拝めるようになりました。

どんな現象が現われようとも、神はいつの日も私を包んで幸福な方へぐんぐんと引っ張ってくださいました。

また、心臓病のため生命保険に加入できなかった長男が、このたびの検診で、異常なしの結果がでたのです。

額に汗してお菓子作りに励む夫と長男の姿をみるにつけ、神の愛の深さを思います。

神にすべてを託《たく》し、手を合わせるとき、アイデアは無限に与えられます。これからも、夢のある美味しい、体に良いお菓子を作り、皆さまにお届けしてまいります。それが、私にとっての「神の自己実現」ではないでしょうか。

（平成三年九月号　撮影／砂守かつみ）

＊生長の家本部練成道場＝巻末の「生長の家練成会案内」を参照。

「職場で笑顔を」と決めて、仲間から親しみを持たれるように

京都府網野町　尾谷《おだに》まゆみ（42歳）

中学を卒業してから、働き続けてきた。結婚して一年半の専業主婦を体験したが、その後はずっと働き続けている。仕事で悩んだこともあったが、郵便受けに入っていた『白鳩』誌で、職場での笑顔と感謝の心を教えられて、仕事に意欲が出た。今は職場で笑顔を絶やさない。表情が明るいと心もはずむ。誰からも好感を持たれる自分になれたことがうれしい。

私が七歳の時に、大好きな母は心臓病で天国に逝《い》ってしまいました。父は間もなく私をつれて再婚し、弟二人と、妹が一人誕生しました。でも私は継母にいまひとつ、なじめず、素直になれませんでした。表情は沈みがちで、時には継母に反発したこともあります。

そういう私を、父は不憫《ふびん》に思って優しく見守ってくれていましたが、それが不満でもありました。時にはそういう私を叱《しか》ったり叩《たた》いて欲しいと思いました。実感できる愛情を求めていたのです。

中学を卒業すると、故郷の宮崎県都城《みやこのじょう》から、集団就職で京都府内の紡績会社に就職しました。継母から離れて暮らしたいという気持ちがあったと思います。

同じ九州から出てきた同僚とは、すぐ仲良くなれましたが、六人部屋で共同生活するのですから、我がままは許されません。お互いに気を使い合いました。勤務時間は二部制で、早番は午前四時に起床して、四時四十五分から午後一時三十分まで働きました。

綿から糸をつくる仕事でしたが、気が重くなって仮病を使って休んだりしたこともあります。でも自分が休めば、その分、誰かの負担が重くなるので〈がまん、がまん〉と自分を励まして働きました。

その一方で、私には人一倍、向学心がありました。近くに通信制の高校を見つけ、学ぶことにし、日曜日はカバンに教材を詰めて登校しました。自分で働いて勉強できる幸せと誇りを感じました。

その高校で、彼と出会いました。彼は全日制の高校を中退して通信制高校で、勉強を始めていました。年齢は私より六歳年長ですが、ウソを言わない誠実な人柄に好感を持ちました。警察官だったお父さんと、お兄さんが亡くなっていて、お母さんとふたり暮しでした。お互いに好意以上のものを持っていましたから、芽生えた恋を大切に育てていこうと思いました。

私は二十歳になった時に、紡績会社を退社して、一人暮しを始めました。広く社会を見たい、知りたいと思ったからです。喫茶店でウェートレスを始めました。笑顔でお客さんを迎えて働きました。その間も彼は温かく私を見守り、「早く結婚しよう」と言ってくれました。私も彼と一緒に人生を歩みたいと思いましたから、二十二歳の時に、鹿児島の霧島神宮で結婚式を挙げました。

祝福してくれた継母と、父の眼に涙を見た時、長い間のわだかまりは消えていました。心の中で「ありがとう。今までごめんなさい」と素直に詫《わ》びることが出来ました。

結婚して専業主婦になり、家事をお姑さんに教えてもらいながら一所懸命に働きました。でも出来ることなら外に出て働きたいと思っていました。その気持ちをミシンのセ

「職場で笑顔を」と決めて、仲間から親しみを持たれるように

「神様は、自分に出来る仕事を与えてくれていると思えるようになりました」と尾谷まゆみさん

ールスをしていた主人も理解してくれたので、二十五歳から再び外で働くことになりました。

就職先は車で三十分ほどの所にあり、大手電機メーカーの下請け会社でしたが、やがてゲームソフトやゲーム機を作る、世界的に有名な会社の仕事を請け負うようになりました。

勤務時間は二部制で、早番は午前六時四十五分から午後三時三十分まで、遅番は午後一時四十五分から夜の十時半まで。終業してからも製品の数合わせの作業が残っている時は、十一時を過ぎます。それから自分で運転して車で帰宅すると、十一時半を過ぎることもありますが、主人は起きて待っていて「ご苦労さんでした」と迎えてくれます。

主人の笑顔を見ると、ホッと安心して少しぐらいの疲れも忘れてしまいます。私がこうして夜遅くまで働けるのは、主人と一男一女の子供の理解があるからであり、家事を手伝ってくれるお姑さんのお蔭《かげ》だと感謝しています。私がこうした感謝の大切さを知ったのは平成四年の秋に、家のポストに『白鳩』など生長の家の月刊誌が入っていた時からです。

職場のわだかまりが解決

その頃の私は、職場で人のイヤがる箱づくりとか、部品を倉庫から出し入れする雑用的な仕事をしていました。他の人は組立や検査の仕事ですから、別に給料が違うわけではないのですが、うらやましいと思いました。

つい、心の中で「何で私だけが？」とつぶやくこともありました。

ところが『白鳩』誌を読んでいると、心がおだやかになってきて、今与えられている仕事を感謝して受けなければ、という気持ちになったのです。その上、職場では誰よりも明るい笑顔の持ち主になろうと決めました。

そして、明るい心が持てるように実行したことがあります。鏡に向かって、「これからこの明るい表情がアンテナとなって、幸せな運命が、必ず私にやってくる」とニッコリ笑いかけることです。

それからは、少し落ち込みそうになると、お手洗いで、手鏡を出して笑顔の練習をしました。表情が明るくなると、仕事に対しても意欲が出てきました。私の笑顔は職場の人達からも喜ばれて、誰からも親しみを持たれるようになりました。

「私だけが何で？」という不満の気持ちはどこかに飛んで行ってしまいました。人よりもつらい仕事をしたことが、その分、人のつらさが分かるので、手を貸してあげることが出来るようになりました。

今は製造組立の部門に移り、四人チームで作業をしていますが、チームワークが良いと同じ仕事をしても能率があがります。特に私は誰よりも明るい笑顔で四人が調和できたらいいと願って努めています。

ポストに入っていた『白鳩』誌に救われた私でしたが、その後、生長の家の本を読む機会はありませんでした。そんな平成十一年、会社の段差のある所で足を踏みはずして左足を骨折し、その通院中に、私は再び『白鳩』誌に出合ったのです。森絹恵さんという、いま八十九歳のおばあちゃんから「すばらしい本です」と手渡されたのでした。森さんは毎月、病院に来て、患者さんに愛行《あいぎょう》されていました。

久し振りに『白鳩』誌を手にした私は「わっ！　懐《なつ》かしい！」と思わず歓声をあげました。嬉《うれ》しくて喜びで一杯でした。

私は『白鳩』誌を読みながら、〈なぜ骨折したのかしら?〉と反省しました。そういう私に、森さんは、実娘の蛭子郁子《えびすいくこ》さんを紹介してくれました。蛭子さんは生長の家の講師で、「近くの公民館で白鳩会の誌友会をしているからいらっしゃい」と誘ってくれましたので、喜んで参加しました。毎月、いろいろな講師のお話を聞き、生長の家の勉強をしていると、私は、職場でどうしても波長の合わない人がいることに気がつきました。

表立って争ったことはありませんが、心に引っかかっていたのです。私は、その人と波長が合うように祈ろうと思いました。学んだ「神想観《しんそうかん》」で、二人が手を握っている光景を心に描いて、「あなたと私は大の仲良しです」と祈りました。祈り続けていると、その人の素晴らしさが見えてきました。私はその方のお蔭《かげ》で、生長の家を勉強できる機会を与えられたとさえ思えるようになりました。

今は何のわだかまりもなく神想観で祈った通りの仲良しになりました。

子供も夫もみんな伸びる

同じ年に、私にはさらに勉強する機会を与えられました。

高校に入ったばかりの長男の様子がおかしくなったのです。素直でおとなしい性格ですから何の心配ごともなかったのですが、授業中に抜け出して家に帰ってくることが、たび重なるようになりました。学校から呼び出しを受けて、主人と私はあわてました。

長男は理由を、ただ「学校がつまらんから」としか言ってくれません。通学時間は列車で一時間。最寄りの駅から自転車で三十分かかります。でも通学時間は関係がなかったのです。担任の先生の話では、長男は、自転車を盗まれたり、靴を隠されたりして、勉強する気力が抜けたのではないかとのことでした。

蛭子講師に相談すると、「息子さんは神の子です。『素晴らしい』と讃《ほ》めてあげなさい」と教えていただき、地元に住んでいる安井早苗講師を紹介してくれました。長男を連れて相談に行くと、「悩みに引っかかっていては駄目《だめ》。すべては良くなるしかないのよ」と励まされました。

安井講師のご自宅が「生長の家青年会」の誌友会場にもなっているので、「いらっしゃい」と誘っていただくと、長男はよろこんで参加してくれました。そして「高校生練成会」にも妹をつれて参加しました。

長男は練成会から帰ってくると表情が明るく変わっていました。「神想観」を習って、自転車を盗んだり、靴を隠した人を許す祈りをしたようです。私はただ、「あなたは神の子だから無限の力を持っている。すばらしい」と声を掛け続けました。それからは勉強にも熱が入って無事に高校を卒業しました。

「高校を卒業したら、自動車整備士になる」と言っていましたから、専門学校で技術を勉強するものだと思っていましたら、「大工さんになる」と宣言したのです。幼い時から共働きの親を見て育ったので、学費で親に負担を掛けたくないと考えたようです。

いじらしい思いやりに胸が熱くなりましたが、本人の独立したいという気持ちを喜んで受け入れました。主人の知人がすばらしい大工さんを紹介してくれましたので、弟子入りしました。通勤には少し無理な遠距離なので、大工さんの近くに家を借りて、自炊しながら修業しています。

土曜日の夜には、わが家が恋しくて帰ってきます。一家団欒《だんらん》を楽しんで、日曜日の夕方に帰っていきます。妹の方はまだ中学生ですが、自分の部屋には自動車のポスターを二枚も貼《は》って飾っています。女の子ですから普通はアイドルのポスターを貼るものだと思い込んでいました。それには訳があったのです。

本人は長兄の夢と共通の、「自動車整備士」になるつもりです。女の子の夢としては意外で、たのもしく思うので、「心で描いた夢は、必ず実現する！ と信じなさい！」と生長の家の教えを伝えています。「分かっている」と本人も明るくうなずいています。

生長の家で「人生は魂を磨く道場だ」と教わりました。まさにその通りでした。宮崎から出て来て、いろいろと勉強させていただいたことは、魂を磨く試練だったと思います。

大好きな主人も五年前に独立して、自分で事務所を設けて健康食品などの訪問販売をしています。周囲は山と海。素朴な人情味の豊かなこの町で、私はこれからも魂を磨いてイキイキと働きたいと思っています。

（平成十五年二月号　撮影／堀　隆弘）

お客様も従業員も皆がともに成長できる喜びを噛みしめて…

熊本県一の宮町　野口信子《のぐちのぶこ》（48歳）

女性が仕事をするには、男性以上に家族への配慮が欠かせません。夫の理解、子供たちへの愛情いっぱいの心遣いが必要なのです。美容室を経営する野口さんは、それが欠けていて、子供の不登校という事態に直面することになってしまいました。悩む野口さんはある時、一冊の『白鳩』誌を手にし、それから家族の問題は好転し、美容室も和気藹々《わきあいあい》とした雰囲気になっていきました。

私は現在、美容室兼自宅のある熊本県一の宮町の隣の町で、昭和二十九年に生をうけました。五人姉妹と、一番下に弟が一人の六人きょうだい。私はその四女として、両親と、しつけの厳格な祖父に育てられました。

高校を卒業して、熊本市内でＯＬをしていたのですが、姉三人の「これからの時代は手に職があるほうが強い」という考え方に感化され、私は美容師という職業に進んだのです。髪を切りに美容室に行くたびに、若いスタッフの活気溢《あふ》れる雰囲気に、常々好感を持っていたことも手伝っていました。

ところが父は「女性が職を持つと強くなるから」という理由で、私の美容師への転職に強く反対したのです。それでも私は見習いの仕事に就《つ》き、その後一年間美容学校に通い、二十一歳で資格を取りました。その頃には、父も認めてくれるようになっていたのです。

家庭と仕事の両立が…

それから二年間、私は市内の美容室で一所懸命働きました。そして、やっと仕事が面白くなり始めた頃に、両親の強い勧《すす》めで、遠い親戚筋に当たる男性と結婚を勧められました。その人が、現在の主人です。主人は働き者で、郵便局に勤めておりました。私が美容師を続けることにも反対しなかったので、私は二十五歳で長男を産むまでは仕事を

お客様も従業員も皆がともに成長できる喜びを噛みしめて…

「私の心が変わってきたら、従業員さんがお客さんへの細かい温かい心配りをしてくれるようになりました」と野口信子さん

続け、その後、五年間は子育てのために休職しました。

二十七歳で長女も授かり、傍目《はため》には幸福な家庭に見えていたと思います。

しかし、主人はサラリーマン家庭に育った末っ子ですが、私は農家で厳格な祖父に育てられています。その頃には、私の姉妹は四人とも、嫁ぎ先で商売を始めていたようなしっかり者、私も例外ではありません。夫との経済観念や考え方の不一致で、とても夫婦円満とは言えない状況でした。

そんな中、私は三十歳で美容室「エトワール」を開業しました。

「子供が小さいんだから、仕事復帰はまだ先でいいんじゃないの？」

そんなことを、周囲の人たちが言ってくれたのですが、私はどうしても、一日も早く美容師の仕事がしたかったのです。

なぜそんなに急いだのか、今となっては自分のことながら良く憶《おぼ》えていませんが、恐らく主人とのことや、経済的なことが主な要因で、必ずしも美容師という仕事が好きだからという理由ではなかったと思えます。そして、三十九歳で家を新築すると同時に一部を店舗にし、現在のお店が住宅地の中に誕生しました。

まだ幼い息子と娘を、時には姉や妹に面倒みてもらいながら、私はがむしゃらに働いてきました。学校行事に参加できないこともしばしばでしたが、そんなときは主人が足を運んでくれました。そして、あまり一緒に時間を過ごせないがゆえに、私は子供たちに厳しすぎるほどのしつけをしていたのでした。

それでも、長女は問題なく自立していきましたが、ある日、長男に大変なことが起こっていることに気付いたのです。

息子の不登校から学んだこと

将来困らないように、いい学校に入れたいというのは、どんな親にも共通の心だと思います。私もそんな思いから、息子は遠方にある寮生活が必要な中学校に進学させました。ところが、そこで息子は親と離れてさびしい思いをしたのでしょう。それを、私は息子が中学三年になるまで気付かなかったのです。

息子は、不登校となって寮から自宅に戻ってきましたが、それまで一所懸命に通っていた塾も、家庭教師との勉強も、一切を放棄し、地元の友達と遊ぶだけの毎日を送るようになってしまいました。

「お母さんがこんなに努力しているのに、何でわからないの！」

当時の私は、そんな思いでいっぱいでしたが、そんな気持ちは息子には通じず、解決の手がかりすらありませんでした。

そんなある日。マッサージ店の待合室で『白鳩』誌と出合ったのです。何気なくページをめくると、徳久克己先生（故人、元・生長の家長老）の「言葉の力」について書かれた文章が目にとまりました。その内容を読み、私は自分を深く反省したのです。

生来、私はキツイ言葉をポンポンと相手にぶつける性格でした。しかし自分では根がない言葉だから大丈夫《だいじょうぶ》だと思っていて、言われた相手がどう思うかということをまったく考えていなかったのです。しかし、その文章は、「言葉には実現する力がある」と書かれ、何気なく発した不用意な言葉が、自分や相手の人生を傷つけてしまう、だからいつも正しく明るい思い、言葉や表情をすることが大切だと言うのです。

私はこの文章を読んで、息子のことにも思いが巡りました。一番苦しんでいるのは、息子なのに、その苦しみを分かってあげられず、自分の気持ちばかりを押し付けていた

――と。

「この教えをもっと学びたい！」

そう思った私は、『白鳩』誌を年間購読*しました。そして、『白鳩』誌に書かれていた案内を見て、それから間もなくの平成八年二月に、何と主人と娘、息子も連れて、京都府の宇治別格本山*の練成会へと参加させていただくことができたのでした。

私はお話や行事の一つ一つに感動しましたが、子供たちはほとんど講話を聞いていない様子でした。それでも帰りにはみんなで「また来たいね」と話し合えたのはうれしいことでした。

とはいえ、すぐに家庭の状況が変わったわけではありませんでした。が、何よりも、私自身の心が、少しずつですが変化していきました。

菩薩《ぼさつ》様に囲まれた仕事

それから私は、たびたび宇治の練成会に足を運びながら、生長の家の教えを学ぶために、地元で開かれている勉強会に毎週参加させていただくようになりました。

そして、とうとう私の自宅で「母親教室」も開くことができるようになったのです。

「私のように、自分の子供のことで悩んでいる人に、この教えを伝えたい」

「毎日働いて時間のない店の従業員さんにも、よい話を聞かせてあげたい」

そんな思いから、どうしても母親教室を自宅で開きたかったのです。

最初は、人も集まらず、従業員さんも参加してくれず、「なぜ？」という思いでいっぱいでした。しかしそのうちに、お客様から、

「信子さん変わったねえ」

「やさしくなったねえ」

と言われるようになってくると、あれほど振り向いてくれなかった従業員さんが母親教室に参加してくれるようになり、その後、もう一人雇用した従業員さんと一緒に、宇治の練成会にまで足を運んでくれるようになったのです。

以前の私は、自分にできることがなぜ他人にできないのかわからず、できないならなぜもっと勉強しないのかと、従業員さんを責める気持ちばかりでしたが、教えを学ぶに連れて、技術を教えるよりも、この生長の家の真理を教えたいと思うようになってきた

のです。その気持ちが、きっと私の言葉や態度を変えたのでしょう。

それから二人の従業員さんはガラリと変わりました。お客様に気配りをもって優しく接するようになり、また毎日のように野の可憐《かれん》な花を持ってきては、店中に美しく飾ってくれるようになりました。その花一輪だけでも、従業員さんのやさしい気持ちが手にとるようにわかるのです。

ですからいつも、「本当にキレイなお花ね、ありがとう」と言葉に出して伝えることを、私は常に心がけています。感謝の気持ちは、やはり言葉に出して伝えなければなりません。そしてその感謝の言葉が、また相手のやる気を奮い立たせるものなのだと、私は思うのです。

美容室の経営自体は、開店当初からとても順調でしたが、以前の私は経済的なことばかりに気持ちが向いていたように思います。

しかし、生長の家の真理に触れて以来、美容師というものに対して、「職業」という感覚がなくなってきていることに気付きました。とにかく、お客様に喜んでいただきたい……その思いばかりが、日々私を突き動かしているように思います。

髪が傷まない染料にこだわり、ちょっと伸びてきた部分だけを染めるときは、お金は一切いただかない。お年寄りの常連さんが多いので、無料で送迎する。疲れている人には、お小遣い程度の金額でリラックスして熟睡できる美顔コースを提案する――等々、お客様の立場を考えると、次々とアイデアが湧いてきて、それを有難く実行させていただいています。

最初は「手に職をつける」という感覚で始めた美容師の仕事。「女性が職を持つ＝男になる」という解釈をし、みんなに対して突っ張って生きてきた私。でも今ではお客様の髪に対する愛、その方の大事な持ち物である髪を美しくしてあげたいと、心の底から思えるのです。お客様の髪をいたわり、一ヵ月後二ヵ月後にきれいになっていると、本当に本当に無上の喜びを感じます。

こんな気持ちになれたのは、すべて生長の家の教えのおかげ。そして、その真理に導いてくれたのは長男です。

一時は、一緒に死のうとまで思いつめましたが、今では息子が元気でいるだけでありがたい、菩薩《ぼさつ》様に見えるのです。息子を訪ねてきてくれる友達も私と気軽に話せるようになり、よい関係を築けていると思います。そして、一緒に練成会に参加し、真理に理解を示してくれた主人はよき理解者であり、やはり菩薩様です。

そしてもちろん、毎日来て下さるお客様一人一人も菩薩様。私を「先生」と呼び、一緒に働いて下さっている従業員の二人も菩薩様。私にとって、周囲にいるすべての人が菩薩様であり、感謝すべき存在であり、私にさまざまなことを教えて下さる指導者なのです。

「お客様は神様です」という台詞《せりふ》がありますが、今の私にとって、その言葉が真理だと思えるのです。

(平成十五年十一月号　撮影／中橋博文)

＊年間購読＝巻末の『白鳩』誌広告頁を参照。
＊宇治別格本山＝巻末の「生長の家練成会案内」を参照。

夜明けは必ずやってくる

徳島県鳴門市　内田佳香《うちだよしか》（60歳）

渦潮で知られる徳島県鳴門市。その駅前に、大型スーパーと並んで目立つのが、内田さんが社長として、明るく積極的に事業を展開している内田塗料産業㈱の本社だ。亡き夫のあとを受け継いだのだが、不況の波は内田さんの会社を容赦なく襲い、一時は断崖に追い詰められた。そんな内田さんを救ったのは、「神と偕《とも》なるが故《ゆえ》に一切のこと能《あた》わざるなし」の祈りであった。

私は、平成七年に他界した主人のあとを受け継いで、徳島県鳴門市で自動車用、建築用、木工用の塗料などを扱う塗装店を経営しております。しかし、社長といっても名ばかりで、電卓を片手に電話での交渉にはじまり、来店される方の接客、支店など四ヵ所の事業所まわり……と朝の八時から夜の七時、八時頃までほとんど一日中座ることなく、立ったままです。でも、「疲れた」なんて言っている余裕もありません。常に動いていることが好きな私には、亡き主人が残してくれたこの会社を守っていくことが生き甲斐なのです。

主人が亡くなってからの数年間は、主人の代理社長だと思い、主人の作り上げた経営方針やシステムに従って、仕事を覚えていきました。それが、ようやく代理社長から脱却して、自分がやらなければという自覚が芽生え、なんとか自分なりに社長業をこなせるようになったと思います。

会社を襲った危機

そのきっかけとなった出来事は、平成十三年の一月三十一日に起こりました。わが社の営業範囲は、徳島県内と海を挟んだ隣の淡路島が主です。その淡路島で最大のお得意先である会社の社長Aさんと、そこの元請け会社の会長さんが、突然わが社を訪れてこられました。

会長さんは「実は、A社長さんの会社が、今ニッチもサッチも行かなくなっている。

しかし、私のところが引き受けている官公庁の年度末までに完成させる大口の工事が、現在進行中であり、なんとかしてほしい」とのことでした。A社長さんの顔は頬《ほお》がそげて、申し訳なさそうでした。

さあ大変。わが社にとっては大変なお得意先なのです。しかも、その日は会社の決算日です。数日前から棚卸《たなおろ》しや書類の整理やらで、社員全員が手一杯の状態でした。しかし、とっさに私の頭をよぎったのは、「この社長さんを死なせたらあかん」ということでした。先代の社長が、十三年前に自殺をした会社だったことも思い出しました。

お二人が戻られたあと、さっそく淡路島の営業所長に、先代の社長のお墓参りに行くように指示しました。しかし、わが社も絶体絶命。「待ってくれ」と言われた二千五百万円が、予定通り入金されなければ、これまでに振り出した手形の支払いがあるので、確実に穴が開いてしまうのです。が、それでも相手の会社をつぶしたら工事が進まず、会長の会社のメンツに関わるとのことで、工事が終わるまでは、一方的にわが社が我慢するような羽目になりました。

突然のことで、銀行に正直に言っても、取り合ってもらえず、何回も何回も交渉を重

「自分自身に感謝し、神に感謝し、『きっとよくなる』という言葉を信じて、息子に将来を託しながら働いております」と内田佳香さん

ねましたが、前例のない事柄に貸し出しは出来ないと笑われるばかりでした。そうこうするうちに二月末には一千万円の資金不足になり、事態を打開する名案もなく、不安で頭がいっぱいになる日々が続きました。

そんな自分の会社が不渡りを出しかねない中でしたが、かねてからの予定通り、妹が住んでいる大阪で開催される生長の家講習会に、知り合い七人を誘って参加しました。妹は「姉ちゃん、こんな大変な時期に私のところの講習会に、こんなにたくさんの人を連れて来てくれてありがとう」と言って、泣いて喜んでくれました。

実は、この妹がその七年前に、私の家族や従業員、そして亡き父母、祖父母に至るまで、すべて「生長の家聖使命会」や「霊宮《れいぐう》聖使命会」*に入会するようお膳立てをしてくれたのです。

講習会の翌々日の二月二十七日、かろうじて銀行本店より貸し付け許可がおりました。しかし、まだ三月の大口決済が残っています。確かな入金の見込みもない状態が続きました。親類に頼んでも額が大きく、話になりません。

言葉は実現する

すべて自分の責任と覚悟しました。主人の仏壇に向かって、生長の家の『日々読誦《にちにちどくじゅ》三十章経*』の一節をただただ唱《とな》えました。

「神と偕《とも》なるが故《ゆえ》に一切のこと能《あた》わざるなしである。われは如何《いか》なる禍《わざわい》をも恐れない。神われと偕にいますからである。われは神を信ずる。神を愛する人に対しては、一切万事都合よく行くのである。吾《わ》れは今《いま》新しき世界を発見しつつあるのである。」(二十日の経言《のりごと》の冒頭)

そして、三月二十五日、鳴門道場での合同誌友会に参加したときでした。林正子講師が講話の中で、総本山*の岡田淳・本部講師(当時)が若いときの話をされました。当時の岡田先生は、まだ貧しく背広の持ち合わせがなくて困り、「背広よ来い」と祈っていると、間もなく何着もの背広が舞い込んできたというのです。

私は「これだ!」と思いました。今の私には、これしかない! 誌友会が終わったあと、小松島の橋の上で車を停《と》めて窓を開け、天に向かって「お金よ来い、お金よ来い」

と大きな声で唱え、神様にすべてをお任《まか》せしました。

天の助け。三月三十日は金曜日で年度末でしたが、その日に銀行から「月曜の朝一番までに書類が用意できれば貸し付けする」という連絡が入りました。三十一日は土曜日、翌四月一日は日曜日。銀行への書類は四月二日の夜明けまでに仕上げればよい。金、土、日の三日間、娘たちの応援を受けて一日一食のおにぎりと一時間の睡眠で、朦朧《もうろう》としながら書類を仕上げました。かろうじて二日午後三時に、銀行より一千五百万円の借り入れをすることが出来、わが社は断崖絶壁より這《は》い上がることができたのです。

このことを通して、私はいかに主人という大木の陰に住んでいたかを実感しました。あらためて亡き主人に深く感謝いたしました。また、「神様はその人にとって、なくてはならぬ物は必ず与えられる」「求めよ、さらば与えられん」ということも強く体得することができました。

この一連の騒動で、古くから勤めてくれていたベテラン社員の何人かが会社を辞《や》めていき、新しい社員やパートさんを雇《やと》うことになりました。当然、一から仕事を覚えてもらうわけですから、今度は私が情熱を持って先頭に立って仕事をするという状況になりました。今思えば、これらの騒動があったからこそ、会社も私自身も、何もかもが新しくなれたのかもしれません。

毎日が自分との戦いとでも言うのでしょうか。落ち込んではいられない。常に前向きにという思いが沸々《ふつふつ》とわき上がり、仕入れ先にも、銀行にも「七十歳になるまで、あと十年間は頑張って働きますから」と言っています。

また、気がついた言葉を書いて、社員皆が見えるところに貼《は》るようにしました。昨年は「前向き」という言葉、今年は「輝ける未来を信じ、今を生きる」「二十一世紀は素晴らしい」という言葉を貼らせていただいております。

こうやって思いついた言葉を書くことで、言葉は実現するという御教えを実践し、社員の誰もが、快く働ける会社になってきたと自負しております。

家庭を大事にしてこそ働く喜びが生まれる

そして、主人と創業した年の翌年に生まれ、今年で三十五歳になる長男の正文にも、「この不況の時代に仕事がある。健康である。本を読むことができる。そして何よりも借金があることで、多くの人が応援してくれ、前向きになれる、落ち込んではいられないことが大きな喜び。貧乏になってありがとうございます」と思えるようになったことを話し、自分自身に感謝し、神に感謝し、「きっとよくなる」という言葉を信じて、息子に将来を託しながら働いております。

今思うことは、主人について助手的なことをやっていて良かったということです。主婦だけに専念していたら、今の自分はありえなかっただろうと思えます。だから、そういう意味でも「主人にハイ」をし続けてきて良かったと思えるのです。

今の時代はたくさんの女性が働いています。私自身がパートさんにも言っていることは「家庭を大事にしなさい」ということです。たとえば子供さんが病院に行かなければならなくなったら、「仕事のことは気にせず、子供さんのことを考えて病院に行きなさい」と言ってあげるようにしています。

家庭を優先して、余った時間に精一杯《せいいっぱい》働いてもらえればよいと思うのです。ご主人に素直にハイと言える家庭があってこそ、仕事も充実すると思います。笑い話になりますが、私の夢は専業主婦になることです。息子が小さい頃から、家庭のことよりも会社のことばかりを考え、家庭を二の次にしていたからこその夢かもしれません。

生長の家の尊い御教えを喜んでお伝えすることにも生き甲斐を感じており、相談されたら「夜明けは必ず来る」と話すことにしています。もしかしたら相手に話しながら、自分に言い聞かせているのかもしれません。

そんな私の支えになっているのは、主人が亡くなった直後に、わが社と同様に鳴門駅近くにある「はまホテル」の社長さんが会社から歩いてすぐのところに、鳴門道場を建ててくださったことも大きいことです。この道場は、私のために建てていただいたかのように思えてなりません。この道場で祈り、多くの仲間たちと話し、どんなに勇気づけられたかはかりしれません。

そんな私は今、「私は、舞台で演じている」と思っています。あるときは会社の社長役、またあるときは孫の顔を見てホッとするおばあちゃん役、生長の家の講師役や普通のおばさん役、ほんとうにいろんな役柄をやらせていただいて、楽しくてしようがありません。

仕事をしているとある瞬間に腹が立つこともありますし、失敗して落ち込むこともあります。でも、いつも「なんとかなるやろ」と思えるようになったのも、すべて生長の家のおかげであり、すぐに考えを変えて、感謝の気持ちを忘れずに前向きに考えることができるようになったのも、御教えのたまものだと思えるのです。

（平成十五年十一月号　撮影／中橋博文）

＊霊宮聖使命会＝生前、聖使命会員であった御霊のうち、霊界に移られてから後も引き続き菩薩行を続けられる御霊を、生長の家宇治別格本山の宝蔵神社に祭祀して、顕幽相携えて人類光明化運動に邁進するために結成された会。生前に聖使命会員でなかった御霊も、遺族の申し込みにより祭祀することができる。

＊『日々読誦三十章経』＝生長の家のお経の一つ。一ヵ月一日一章ずつ朗読すれば、新しい力と喜びが湧き上がり、毎日を新鮮に生きることができる。

＊総本山＝巻末の「生長の家練成会案内」を参照。

●生長の家練成会案内

総本山……長崎県西彼杵郡西彼町喰場郷1567　☎0959-27-1155

　＊龍宮住吉本宮練成会……毎月１日〜７日（１月を除く）

　＊龍宮住吉本宮境内地献労練成会……毎月７日〜10日（５月を除く）

本部練成道場……東京都調布市飛田給2-3-1　☎0424-84-1122

　＊一般練成会……毎月１日〜10日

　＊短期練成会……毎月第三週の木〜日曜日

　＊光明実践練成会……毎月第二週の金〜日曜日

　＊経営トップセミナー、能力開発セミナー……（問い合わせのこと）

宇治別格本山……京都府宇治市宇治塔の川32　☎0774-21-2151

　＊一般練成会……毎月10日〜20日

　＊神の子を自覚する練成会……毎月月末日〜５日

　＊伝道実践者養成練成会……毎月20日〜22日（11月を除く）

　＊能力開発研修会……（問い合わせのこと）

富士河口湖練成道場……山梨県南都留郡富士河口湖町船津5088　☎0555-72-1207

　＊一般練成会……毎月10日〜20日

　＊短期練成会……毎月月末日〜３日

　＊能力開発繁栄研修会……（問い合わせのこと）

ゆには練成道場……福岡県太宰府市都府楼南５-1-1　☎092-921-1417

　＊一般練成会……毎月13日〜20日

　＊短期練成会……毎月25日〜27日（12月を除く）

松陰練成道場……山口県吉敷郡阿知須町大平山1134　☎0836-65-2195

　＊一般練成会……毎月15日〜21日

　＊伝道実践者養成練成会……（問い合わせのこと）

○奉納金・持参品・日程変更等、詳細は各道場へお問い合わせください。

○各教区でも練成会が開催されています。詳しくは各教化部にお問い合わせください。

○海外は「北米練成道場」「ハワイ練成道場」「南米練成道場」等があります。

生長の家本部　〒150-8672　東京都渋谷区神宮前1-23-30　☎03-3401-0131　FAX03-3401-3596

教化部名	所　在　地	電話番号	FAX番号
静岡県	〒432-8011 浜松市城北2-8-14	053-471-7193	053-471-7195
愛知県	〒460-0011 名古屋市中区大須4-15-53	052-262-7761	052-262-7751
岐阜県	〒500-8824 岐阜市北八ッ寺町1	058-265-7131	058-267-1151
三重県	〒514-0034 津市南丸之内9-15	059-224-1177	059-224-0933
滋賀県	〒527-0034 八日市市沖野1-4-28	0748-22-1388	0748-24-2141
京　都	〒606-8332 京都市左京区岡崎東天王町31	075-761-1313	075-761-3276
両丹道場	〒625-0081 舞鶴市北吸497	0773-62-1443	0773-63-7861
奈良県	〒639-1016 大和郡山市城南町2-35	0743-53-0518	0743-54-5210
大　阪	〒543-0001 大阪市天王寺区上本町5-6-15	06-6761-2906	06-6768-6385
和歌山県	〒641-0051 和歌山市西高松1-3-5	073-436-7220	073-436-7267
兵庫県	〒650-0016 神戸市中央区橘通2-3-15	078-341-3921	078-371-5688
岡山県	〒703-8256 岡山市浜2-4-36(仮事務所)	086-272-3281	086-273-3581
広島県	〒732-0057 広島市東区二葉の里2-6-27	082-264-1366	082-263-5396
鳥取県	〒682-0022 倉吉市上井町1-251	0858-26-2477	0858-26-6919
島根県	〒693-0004 出雲市渡橋町542-12	0853-22-5331	0853-23-3107
山口県	〒754-1252 吉敷郡阿知須町字大平山1134	0836-65-5969	0836-65-5954
香川県	〒761-0104 高松市高松町1557-34	087-841-1241	087-843-3891
愛媛県	〒791-1112 松山市南高井町1744-1	089-976-2131	089-976-4188
徳島県	〒770-8072 徳島市八万町中津浦229-1	088-625-2611	088-625-2606
高知県	〒780-0862 高知市鷹匠町2-1-2	088-822-4178	088-822-4143
福岡県	〒818-0105 太宰府市都府楼南5-1-1	092-921-1414	092-921-1523
大分県	〒870-0047 大分市中島西1-8-18	097-534-4896	097-534-6347
佐賀県	〒840-0811 佐賀市大財4-5-6	0952-23-7358	0952-23-7505
長　崎	〒852-8017 長崎市岩見町8-1	095-862-1150	095-862-0054
佐世保	〒857-0027 佐世保市谷郷町12-21	0956-22-6474	0956-22-4758
熊本県	〒860-0032 熊本市万町2-30	096-353-5853	096-354-7050
宮崎県	〒889-2162 宮崎市青島1-8-5	0985-65-2150	0985-55-4930
鹿児島県	〒892-0846 鹿児島市加治屋町2-2	099-224-4088	099-224-4089
沖縄県	〒900-0012 那覇市泊1-11-4	098-867-3531	098-867-6812

●生長の家教化部一覧

教化部名	所　在　地	電話番号	FAX番号
札　幌	〒063-0829 札幌市西区発寒9条12-1-1	011-662-3911	011-662-3912
小　樽	〒047-0033 小樽市富岡2-10-25	0134-34-1717	0134-34-1550
室　蘭	〒050-0082 室蘭市寿町2-15-4	0143-46-3013	0143-43-0496
函　館	〒040-0033 函館市千歳町19-3	0138-22-7171	0138-22-4451
旭　川	〒070-0810 旭川市本町1-2518-1	0166-51-2352	0166-53-1215
空　知	〒073-0031 滝川市栄町4-8-2	0125-24-6282	0125-22-7752
釧　路	〒085-0832 釧路市富士見3-11-24	0154-44-2521	0154-44-2523
北　見	〒099-0878 北見市東相内町584-4	0157-36-0293	0157-36-0295
帯　広	〒080-0802 帯広市東2条南27-1-20	0155-24-7533	0155-24-7544
青森県	〒030-0812 青森市堤町2-6-13	017-734-1680	017-723-4148
秋田県	〒010-0023 秋田市楢山本町2-18	018-834-3255	018-834-3383
岩手県	〒020-0066 盛岡市上田1-14-1	019-654-7381	019-623-3715
山形県	〒990-0021 山形市小白川町5-29-1	023-641-5191	023-641-5148
宮城県	〒981-1105 仙台市太白区西中田5-17-53	022-242-5421	022-242-5429
福島県	〒963-8006 郡山市赤木町11-6	024-922-2767	024-938-3416
茨城県	〒312-0031 ひたちなか市後台字片岡421-2	029-273-2446	029-273-2429
栃木県	〒321-0933 宇都宮市簗瀬町字桶内159-3	028-633-7976	028-633-7999
群馬県	〒370-0801 高崎市上並榎町455-1	027-361-2772	027-363-9267
埼玉県	〒336-0923 さいたま市緑区大間木字会ノ谷483-1	048-874-5477	048-874-7441
千葉県	〒260-0032 千葉市中央区登戸3-1-31	043-241-0843	043-246-9327
神奈川県	〒246-0031 横浜市瀬谷区瀬谷3-9-1	045-301-2901	045-303-6695
東京第一	〒112-0012 文京区大塚5-31-12	03-5319-4051	03-5319-4061
東京第二	〒182-0036 調布市飛田給2-3-1(仮事務所)	0424-90-5880	0424-90-5881
山梨県	〒406-0032 東八代郡石和町四日市場1592-3	055-262-9601	055-262-9605
長野県	〒390-0862 松本市宮渕3-7-35	0263-34-2627	0263-34-2626
長　岡	〒940-0853 長岡市中沢3-364-1	0258-32-8388	0258-32-7674
新　潟	〒951-8133 新潟市川岸町3-17-30	025-231-3161	025-231-3164
富山県	〒930-0103 富山市北代6888-1	076-434-2667	076-434-1943
石川県	〒920-0022 金沢市北安江1-5-12	076-223-5421	076-224-0865
福井県	〒918-8057 福井市加茂河原1-5-10	0776-35-1555	0776-35-4895

心と心をつなぐ女性の生き方マガジン

白鳩

夫婦、家庭、教育、仕事など、
ミセスの周辺に生じる今日的問題を敏感に捉えて特集。
さらに料理法まで網羅、明るい婦人生活を創る秘訣を満載！

生長の家本部編集
Ｂ５判　全76ページ
毎月15日発行
定価185円（送料30円）

▼お申し込みは、次のいずれかの方法で
・フリーダイヤル　0120-374644
・FAX　03-3403-8439

＊電話受付は、日曜・祝祭日を除く9時～17時。FAX、ハガキでのお申し込みは、郵便番号・住所・氏名（フリガナ）・電話番号・月刊誌名・購読開始月号・部数をご記入下さい。

▼お支払いは、お送りする月刊誌に同封の振替用紙で
《購読料》
○国内送本（１部につき／税・送料込）
・年間購読料　2310円
・１ヵ月（１部）のみ　215円
○海外送本（１部につき／船便送料込）
・年間購読料　2700円

＊小社刊行の『光の泉』『理想世界』『理想世界ジュニア版』を含め、毎月10部以上、同じ住所へ送付する場合は年間購読料の割引があります。詳しくは、下記へお問い合わせ下さい。

（財）世界聖典普及協会
〒107-8691　東京都港区赤坂9-6-33　電話03（3403）1502
振替00110-7-120549
世界聖典普及協会のホームページ　http://www.ssfk.or.jp/